L_n^{27} 1439.

NOTICE

SUR

M. DE MOLIÈRES

FONDATEUR DE L'HOSPICE DE LA CHARITÉ

A TARASCON

ET

Compte Rendu de la cérémonie d'inauguration de la Statue qui lui a été érigée le 21 Mai 1861.

AVIGNON

AUBANEL FRÈRES, IMPRIMEURS DE N. S. P. LE PAPE

ET DE MONSEIGNEUR L'ARCHEVÊQUE

1861

NOTICE SUR M. DE MOLIÈRES

FONDATEUR DE L'HOSPICE DE LA CHARITÉ

A TARASCON

Et Compte-Rendu de la cérémonie d'inauguration de la Statue qui lui a été érigée le 21 Mai 1861.

Joseph de Clerc de Mollières, ou de Molières, car ce nom est écrit tantôt de cette façon, tantôt de l'autre dans les actes publics, naquit à Tarascon au commencement de l'année 1646. Les registres de Baptême de cette époque constatent que ce sacrement lui fut administré le 4 Février de cette année, sans indiquer la date de sa naissance. Il est à présumer qu'elle avait eu lieu la veille, ou, tout au plus, quelques jours auparavant. Il appartenait à l'une de ces familles patriciennes qui étaient alors assez nombreuses dans ce pays : son père, André de Clerc, se qualifiait Sieur de Molières; sa mère était Françoise de Privat.

Sa première éducation dût être religieuse et chrétienne; puisque, de très-bonne heure, il se consacra au service des autels. Il suivit son cours d'études avec beaucoup de succès, et obtint, jeune encore, le grade alors fort envié, de docteur en théologie.

Dès les premières années de son sacerdoce, il fut pourvu d'un canonicat à l'église collégiale de Ste Marthe ; ce qui lui donnait une place distinguée dans les rangs du Clergé de cette ville.

Le chapitre de Ste Marthe avait été fondé en 1480, par Louis XI qui avait accordé aux membres de cette compagnie des prérogatives assez précieuses ; entre autres, celles de s'intituler chapitre royal, et de porter le même costume que les chanoines de la sainte chapelle de Paris. A son titre de chanoine, M. de Molières joignait celui de trésorier, qui était l'une des dignités du chapitre.

Mais ce qui montre, mieux encore, en quelle estime il était tenu, et la considération qu'il s'était acquise par son mérite, c'est que l'Archevêque d'Avignon lui avait confié les fonctions délicates d'official forain ; charge, à peu près équivalente à celle de Vicaire-Général. La ville de Tarascon et quelques autres pays situés sur cette rive de la Durance, bien que soumis à la couronne de France, étaient alors du ressort du diocèse d'Avignon. Mais l'Archevêque de cette métropole n'étant point lui-même, à cette époque, sujet du roi, ne pouvait exercer sa juridiction contentieuse sur cette partie de son diocèse que par le ministère d'un ecclésiastique français désigné par lui, et connu sous le nom d'official forain.

M. de Molières disposait d'une fortune assez considérable et à laquelle les œuvres de bienfaisance avaient la meilleure part. L'autel principal de l'Église de Ste Marthe, tel qu'on le voit encore aujourd'hui et qui est un ouvrage d'art d'un très-haut prix, avait été acheté et construit à ses dépens. Il s'intéressait également à l'œuvre du mont de piété dont il avait été, dès l'année 1676, concurrement avec son père, l'un des fondateurs.

Mais son titre le plus glorieux à la reconnaissance publique est incontestablement la création de l'Hospice de la charité de cette ville, à laquelle il contribua plus qu'aucun autre, et qui fut, on peut le dire, l'occupation de sa vie entière.

Jusqu'alors, il avait été pourvu à l'assistance des pauvres par une œuvre dite *aumône de la charité*, administrée par la confrérie de Ste Marthe dont les prieurs s'appelaient *charitadiers*. Les revenus de cette œuvre étaient assez modiques : ils se composaient, en partie, de certaines prestations que le bon roi René avait imposées dans ce but aux habitants. Il est, à ce propos, une circonstance digne d'être rappelée, parce qu'elle honore la mémoire de ce prince. Il fut, comme on sait, l'instituteur de ces jeux de la *Tarasque* qui se renouvellent encore à des intervalles plus ou moins éloignés, et qui avaient lieu, comme aujourd'hui, le lundi de la Pentecôte; le roi René voulant, par une attention très-délicate, que les pauvres se ressentissent des effets de l'allégresse publique, avait réglé que toutes les corporations d'ouvriers, très-nombreuses à cette époque, et qui étaient organisées en jurandes, livreraient tous les ans, le lundi de la Pentecôte, à la confrérie de Mme Ste *Marthe* une quantité déterminée de pains devant être distribués aux indigens.

Les choses continuèrent ainsi pendant longtemps; mais un édit du roi, ayant pour objet l'extinction de la mendicité, et rendu en l'année 1662, prescrivit à toutes les villes et gros bourgs du royaume de construire des hôpitaux généraux afin d'y recueillir les indigents. C'était pour la ville de Tarascon une charge très-lourde: aussi, plusieurs années se passèrent-elles avant que l'on ne songeât sérieusement à réaliser ce projet. Enfin, le conseil municipal institua une commission extraordinaire de *charitadiers*, ayant pour mission d'aviser aux moyens d'exécuter l'édit royal.

Joseph de Clerc de Molières était l'âme et le chef de cette réunion. Il avait pour collègues et collaborateurs des hommes choisis dans les classes les plus élevées de la population, et dont les noms méritent d'être retenus. C'étaient MM. Rostaing Bertet, doyen du chapitre, Aubard, chanoine; de Jossaud, prêtre; François de Sade, Seigneur de Vauredonne, premier consul; Jean de Barrême, juge et viguier; Antoine de Barrême, Silvy de Raoulx, comte de Boulbon; Charles Antoine de Raousset; Henri de Provençal; Paul François de Robin, Seigneur, de Beauregard; François de Clémens, Seigneur de Castellet; Antoine de Clémens, Seigneur des Torades; François Bertet, avocat; Jean Vincent; Bernard Savy; François Cesset; Charles Monge; Pierre Gensolen; et Conrad Mouren.

L'intention de M. de Molières était de donner au bâtiment qu'il s'agissait d'édifier un caractère monumental. Le 23 Janvier 1691, fut acquis de M. Raoulx de Soumabre le terrain sur lequel l'hospice devait être construit. Par une convention passée le 5 Septembre de la même année, Michel Thomas Fabre et son fils Antoine, maîtres maçons de la ville d'Arles; Antoine Comte et Jacques Léautard, maîtres maçons de la ville de Tarascon s'engagèrent à terminer les travaux de la bâtisse dans l'espace de 30 mois, d'après les plans et sous la surveillance du Sieur Péru, architecte de la ville d'Avignon. Par une convention semblable, passée le 4 Décembre de l'année 1692, Jacques Robert et son fils Antoine, Vincent Aubagnan et Joseph Sarret, maîtres menuisiers de la ville de Tarascon se chargèrent de confectionner les planchers et la charpente. Les travaux se poursuivirent avec assez d'activité, puisque, dés l'année 1697, le nouveau bâtiment fut en état de recevoir ses hôtes.

Il peut-être curieux et intéressant de savoir quels étaient à cette époque, comparativement à ceux d'aujourd'hui, les prix de main d'œuvre et la valeur des terrains. Celui qui servit à la construction de l'Hospice, de la contenance de 10 éminées, 51 dextres; (environ 93 ares), coûta 1,600 livres: aujourd'hui, il ne vaudrait guère moins de 10,000 francs. 1,000 charretées de pierres moellons extraites de St Gabriel, furent transportées sur les lieux, moyennant 5 sols la charretée. La bâtisse, sans distinction des travaux de maçonnerie et de ceux en pierres de taille, fut payée, non compris les matériaux, au prix moyen de 32 sols la canne, (4 mètres). Les planchers et la charpente le furent sur le pied de 19 sols la canne.

M. de Molières contribua largement, si ce n'est exclusivement à toutes ces dépenses. La voix publique et le témoignage traditionnel des anciens de ce pays l'ont constamment et unanimement proclamé le fondateur de l'Hospice de la charité. La preuve de ce fait résulterait encore de ce qu'un portrait de ce personnage conservé dans l'une des salles de cet établissement, et qui est certainement contemporain de l'original, le représente indiquant de la main le plan de l'éfice qui figure en profil dans un des coins du tableau. Là ne se bornèrent point ses libéralités. Une portion considérable des terrains très-spacieux qui s'étendaient au midi de l'Hospice et qui en ont été distraits, il y a quelques années, pour servir à la construction de la ligne et de la gare du chemin de fer, fut acquise de ses deniers. Mais le monument le plus authentique et le plus touchant de sa bienfaisance, ce fut le testament qu'il écrivit le 27 Octobre 1729, et qui fut reçu par M⁰ Bernard, notaire à Avignon.

Dans cet acte solennel de ses dernières volontés, après plusieurs legs très-importants faits aux membres de sa famille, le testateur disposait d'abord du petit quartier de sa maison en faveur de la confrérie du mont de piété. Cette maison était celle que possèdent actuellement, rue de la visclède, les hoirs Cady. Elle ne formait qu'un seul corps de logis avec celle qui la touche et qui est à l'angle. C'est cette partie de sa maison, aujourd'hui la propriété des hoirs de Raousset Soumabre, que M. de Molières attribuait dans son testament à la confrérie du mont de piété. Il donnait de plus à la même confrérie toute la récolte de blé qui proviendrait de sa métairie, dans l'année qui suivrait son décès. Ces grains devaient être, suivant ses intentions, distribués dans les années de disette aux fermiers nécessiteux, afin de les aider à ensemencer leurs terres. Enfin, il instituait héritiers de tous ses autres biens meubles et immeubles les pauvres de la maison de charité de Tarascon ; à condition que ces biens seraient employés à continuer la bâtisse de cet établissement, autant qu'il serait nécessaire à l'entière séparation des deux sexes ;

comme aussi à faire dans l'église quelques travaux de décoration et à compléter son ameublement par l'achat de certains objets dont il donnait l'indication. M. de Molières vécut encore quelques années. Il s'éteignit enfin, plein de jours et de mérites, le 4 Janvier 1736, et fut inhumé, suivant le désir qu'il en avait exprimé, dans le caveau du chœur de l'Église de Ste Marthe.

Le nom de ce vénérable écclésiastique et le souvenir de ses bienfaits se sont conservés jusqu'à ce jour dans ce pays. Mais il était infiniment regrettable que l'on n'eût pas songé encore, dans l'établissement qui lui doit son existence, à décerner à sa mémoire les honneurs qu'il méritait si bien. Cette négligence n'aurait pas certainement d'excuse, si elle ne s'expliquait et ne se justifiait même par la pénurie des ressources de cette maison, et par l'état de gêne où elle a presque constamment vécu.

Enfin, dans l'année 1860, la Commission administrative des Hospices, profitant de certaines circonstances favorables, résolut de mettre un terme à ce long oubli. Elle se composait de MM. Adolphe Drujon, Maire, Président; Pons aîné; François Cady; Louis Chausse; Joseph Véran, chanoine; et Charrasson.

Dans sa séance du 1er Juin de cette année, elle décida par un votre unanime, sur la proposition de son président qu'une statue serait érigée à Joseph de Clerc de Molières, fondateur de l'Hospice de la charité; et qu'elle serait placée sur la partie la plus apparente de cet édifice ; de telle sorte que, loin d'en dégrader la façade, elle y ajouterait un nouvel ornement. Elle arrêta en même temps que M. Liotard, de Lambesc, déjà connu par des ouvrages de même genre, et avec lequel on s'était précédemment entendu pour cet objet, serait, moyennant un prix convenu, chargé de ce travail.

M. Le Préfet des Bouches-du-Rhône voulut bien, par une décision prise le 1er Juillet suivant, approuver cette délibération.

Mais cette mesure réparatrice ne pouvait rester isolée. Elle en appelait nécessairement une autre qui devait y servir comme de corollaire et de complément. Dans la séance que tint la Commission administrative le 16 Avril dernier, l'un de ses membres exposa que, s'il était juste de rendre à la mémoire du fondateur de l'Hospice de la charité un hommage exceptionnel, il n'était pas moins convenable d'honorer aussi celle des autres bienfaiteurs qui, bien que n'ayant pas des titres égaux à la reconnaissance publique, ne devaient cependant pas être entièrement oubliés. Qu'il était surtout d'une justice rigoureuse de se conformer aux intentions exprimées par eux en des actes publics, et de répondre à leurs libéralités par des prières et un service religieux.

En conséquence de ces observations, la Commission qui comptait un nouveau membre dans la personne de

M. Just Gautier, avocat, arrêta dans la même séance qu'il serait fait une exacte recherche des bienfaiteurs de nos établissements hospitaliers, depuis leur origine : — Que leurs noms, prénoms et qualités, ainsi que l'indication sommaire des dons qu'ils auraient faits aux Hospices, soit de leur vivant, soit après leur décès, seraient inscrits sur un régistre *ad hoc* ou sur des tableaux qui resteraient exposés dans la salle des délibérations : — Que, deux fois par an, il serait célébré, à leur intention et avec la solennité convenable dans la chapelle de l'un et de l'autre Hospice, un service religieux auquel seraient invités MM. les membres de la Commission : — Que ces fondations seraient sans préjudice de celles qui auraient été faites déjà ou qui pourraient l'être à l'avenir, à titre spécial : — Qu'afin qu'elles fussent toutes acquittées exactement, il en serait dressé un tableau qui devrait être affiché dans la sacristie de la chapelle de l'hospice des malades ainsi que dans celle de l'Hospice des indigens.

La Commission s'occupa, dans la même séance, du programme qu'il y aurait à suivre pour l'inauguration de la statue de M. de Molières. M. le Maire déclara que son désir était d'entourer cette solennité de tout l'appareil qu'il serait possible d'y donner. Que, dans ce but, il l'avait fixée au mardi 24 du mois de Mai, parce que ce jour coïncidant avec celui où devaient se continuer les fêtes séculaires de la Tarasque, on avait l'espoir fondé de voir accourir dans nos murs, en cette circonstance, un plus grand nombre d'étrangers. Il ajouta que déjà Monseigneur l'Archevêque d'Aix et M. le Sous-Préfet d'Arles, sur l'invitation qu'il leur en avait adressée, avaient bien voulu promettre d'honorer de leur présence cette réunion ; et que rien ne serait négligé de ce qui pourrait contribuer à en relever l'éclat.

Ce jour du 24 Mai est arrivé enfin, et la cérémonie si impatiemment attendue s'est accomplie au milieu d'une multitude innombrable de témoins auxquels il faut laisser de redire les impressions que leur a fait éprouver cet émouvant spectacle.

Toute la vaste place de la charité et les boulevards qui l'entourent, avaient été de bonne heure envahis par une foule compacte. Notre population n'était pas seule à ce rendez-vous. Elle s'y rencontrait avec un nombre prodigieux de personnes venues de tous les pays voisins, pour assister à cette fête.

Un frémissement inexprimable de curiosité mêlée d'admiration a circulé dans les rangs de cette immense assemblée, au moment où, le cortège officiel ayant pris place sur l'estrade qui lui était réservée, la statue de M. de Molières est apparue à tous les regards dégagée du voile qui l'avait couverte jusqu'à cet instant.

Des sociétés chorales, qui avaient bien voulu prêter leur concours à cette solennité, ont alors fait entendre des chants appropriés à la circonstance, et où respirait toute la vivacité du sentiment qui les avait inspirés.

Le corps de musique de la ville a exécuté également des symphonies que la foule n'a pas écoutées avec moins de plaisir, parce qu'elles ont été rendues avec beaucoup d'ensemble et une précision parfaite.

Puis, M. le Chanoine Véran, organe de la Commission administrative dont il est membre, a prononcé le discours suivant :

MONSEIGNEUR, MESSIEURS,

C'est pour nous une satisfaction bien douce, et partagée certainement par chacun de vous, de venir, en ce jour, payer à la mémoire de l'abbé de Clerc de Molières le tribut qu'elle attendait depuis si longtemps. Nos établissements hospitaliers, à remonter jusqu'à leur origine, comptent un assez grand nombre de bienfaiteurs ; et la reconnaissance publique n'a jamais fait défaut à leurs pieuses libéralités. Mais le bienfait dont nous voulons, en ce moment, consacrer le souvenir par un acte solennel, se distingue tellement de tous les autres par son caractère et par son importance, qu'il y aurait lieu de s'étonner et de déplorer plus encore qu'il fût resté, pendant près de deux siècles dans une sorte d'oubli, s'il ne fallait, pour être juste, en accuser le malheur des temps, bien plus que l'ingratitude ou l'indifférence des hommes.

Nul de nous ne l'ignore, Messieurs, nos devanciers s'étaient souvent et vivement préoccupés de la pensée d'acquitter cette dette d'honneur. Ils sentaient le besoin de mettre une certaine proportion entre l'expression du sentiment public et la grandeur du service rendu. Mais les embarras autant que les nécessités d'une situation dont ils n'étaient pas les maîtres, avaient constamment rendu leur bonne volonté impuissante, et leur avaient imposé le pénible, mais rigoureux devoir, de remettre à des circonstances meilleures la réalisation d'un vœu si légitime et si cher à leur cœur.

C'est à vous, M. le Maire, qu'il était réservé de l'accomplir; et cet acte de justice réparatrice ne sera point, j'ose le dire, celui qui honorera le moins votre administration. A vous appartient le mérite d'avoir pris la noble initiative de cette pensée; à la Commission qui gère sous votre direction les intérêts de nos institutions hospitalières, celui de s'y être associée par ses suffrages les plus sympathiques. Mais, pour que cette pensée pût se traduire en fait, il nous fallait avant tout l'assentiment de l'autorité supérieure. Nous l'avons obtenu, aussi empressé que nous pussions l'espérer, de la part du Magistrat éminent qui présidait, il n'y a pas une année encore, aux destinées de ce département, et dont l'esprit élevé devait comprendre, tout d'abord, la haute convenance d'une telle manifestation. Le personnage illustre qui est venu après lui avec un titre plus distingué, a bien voulu sanctionner l'approbation donnée à notre projet par son prédécesseur. et témoigner, par là, de l'intérêt qu'il porte lui-même à la conservation des traditions dont s'honore ce pays.

Cette première condition accomplie, il n'était pas moins indispensable que nous trouvassions, en dehors de nos ressources ordinaires, le moyen d'atteindre le but que nous nous étions proposé. La providence nous l'a procuré, en inspirant à quelques personnes généreuses la pensée de nous venir en aide. Mais ces offrandes elles-mêmes, si précieuses qu'elles fussent, auraient été loin d'être suffisantes pour un tel objet, si nous n'eussions eu encore la bonne fortune de rencontrer un artiste moins jaloux de son gain que de sa renommée ; et qui, par un désintéressement d'autant plus méritoire que sa situation semblait ne pas le lui permettre, a voulu nous consacrer son talent, sans exiger la rémunération à laquelle il est aujourd'hui visible à tous les yeux qu'il aurait pu rigoureusement prétendre. Celle, du moins, qu'il a le plus ambitionnée ne lui manquera point : car le succès de son œuvre a dépassé toutes nos espérances. Ce témoignage que je me plais à lui rendre hautement, Messieurs, ne sera démenti par aucun de vous ; pas plus que, dans cette foule que je vois si nombreuse, il ne trouvera de contradicteur.

Mais gardons-nous de croire qu'elle n'ait été attirée à ce spectacle que par le sentiment d'une vaine curiosité. Je connais à cet empressement un autre mobile ; et je me dis que notre population n'a pas voulu être représentée ici seulement par l'élite de ses concitoyens : elle est venue tout entière, afin d'acquitter la dette de gratitude qu'avait contractée depuis si longtemps le pays tout entier. Et, afin que rien ne manque à l'éclat de cette réunion, nous avons la joie de la voir présidée par ce vénéré Pontife qui tient d'une main si douce et si ferme, tout à la fois, les rênes du gouvernement ecclésiastique dans ce diocèse ; et par ce Magistrat qui, arrivé presque d'hier, dans cette contrée dont les intérêts ont été confiés à sa vigilance, a su s'y concilier déjà de si nombreuses et de si honorables sympathies. Ils sont venus, l'un et l'autre, partager nos émotions, ajouter à la splendeur de cette fête par celle de leur présence, et y imprimer par là comme un caractère officiel.

Toutefois, Messieurs, s'il y a dans la solennité et dans l'unanimité de cet hommage décerné au fondateur de cet établissement quelque chose qui soulage le cœur et le console, il faut que j'ajoute, pour ne rien dissimuler de ma pensée, et j'en suis sûr de la vôtre, que ce culte, sous peine de rester imparfait et défectueux, doit ne point s'arrêter à l'auteur de cette fondation, mais remonter nécessairement jusqu'au principe qui en fut l'inspirateur.

Gloire donc et honneur à de Clerc de Molières, mais gloire aussi, Messieurs, gloire et honneur à la religion qui est la source pure et intarissable d'où émanent invariablement toutes les bonnes pensées et les grandes œuvres, le foyer toujours brûlant où va s'allumer la flamme des dévouements héroïques, le ressort enfin qui agit le plus énergiquement sur les âmes, et leur communique leurs impulsions les plus généreuses.

L'antiquité païenne avait élevé des monuments dont les ruines imposantes attestent encore aujourd'hui la puissance des architectes, et, à ce point de vue, commandent à bon droit toute notre admiration. Mais ces édifices, les uns somptueux, les autres grandioses et presque gigantesques, ne semblent, la plus part et à quelques exceptions près, avoir eu d'autre destination que celle de porter aux âges futurs le magnifique témoignage des vanités, des erreurs et des ignominies de ce temps. C'étaient des mausolées superbes, où d'immenses trésors avaient été engloutis, afin de préparer un repos fastueux à une cendre vile et trop souvent déshonorée. C'étaient des cirques et des amphithéâtres, où, même à l'époque d'une civilisation avancée, la multitude allait boire le sang des victimes amenées dans l'arène pour la satisfaction de ses féroces appétits. C'étaient des temples, enfin, où brillaient toute la perfection et les richesses de l'art ; mais dont nulle âme honnête n'aurait du franchir le seuil, parce que tout y inspirait le dégoût, plutôt que le respect, et qu'ils n'avaient été élevés que pour servir de consécration à l'immoralité.

Le génie chrétien, Messieurs, n'eût jamais à rougir de ces souillures. Dès qu'il eût acquis la force et la liberté de son expansion, il tourna son effort vers des œuvres différentes, et telles qu'en aucun pays et dans aucun siècle il n'en avait paru encore de semblables.

Il construisit des palais, non plus afin de flatter lâchement par une adulation servile l'orgueil des maîtres du monde ; ni pour offrir à un peuple abruti d'ignobles amusements ou des plaisirs barbares ; non : mais afin d'y recueillir l'enfance délaissée, la pauvreté souffrante, la vieillesse décrépite et nécessiteuse. Cela, Messieurs, ne s'était jamais vû ; et ces créations ne correspondaient à rien de ce qui avait précédé.

Mais il y eut quelque chose de plus singulier encore et de plus étrange, et ce fut le nom que l'on choisit à ces splendides demeures. La langue française, Messieurs, dont les éléments se sont réunis, ont peut le dire, sous le souffle du christianisme, et qui en a conservé dans ses formes vives la glorieuse empreinte, la langue française à eu l'insigne honneur de le trouver ce nom admirable. Elle inscrivit au frontispice : *Hotel-Dieu*, et ce simple mot contenait tout une révélation. Il signifiait qu'à la place du vice renversé des autels qu'il avait profanés trop longtemps, ce seraient désormais la pauvreté et la douleur qui auraient les honneurs de l'apothéose, et qu'elles y avaient acquis des titres et un droit certains, depuis qu'un Dieu fait homme les avait ennoblies et consacrées en sa personne. Il signifiait que la miséricorde et la compatissance ne devaient plus, dès lors, être réputées, ainsi qu'elles l'avaient été jadis, comme le signe de la bassesse du cœur, mais compter au nombre des devoirs, et monter au rang des plus sublimes vertus.

Il était enfin comme une seconde promulgation de cette grande loi de la fraternité descendue du ciel vivante avec le Christ, pour devenir le lien désormais indissoluble de la société humaine.

Ces idées, Messieurs, ne vous sont point étrangères, et nul de vous, j'en ai la conviction, n'en trouvera l'expression déplacée dans une circonstance qui en ramène si naturellement le souvenir.

Plus qu'aucun autre, celui dont nous honorons la mémoire devait en avoir subi l'influence. Considérez cette physionomie si imposante de dignité, de bienveillance, de sérénité : et, s'il est vrai que le visage de l'homme soit comme le miroir où se réflètent avec les qualités de son cœur les traits de son caractère, dites, Messieurs, ce que ces indices qui ne sont point trompeurs révèlent de noblesse, de mansuétude, de magnanimité dans celui de de Clerc de Molières.

Ces dispositions naturelles déjà si heureuses furent élevées, si je puis le dire, à leur plus haute puissance par toutes les habitudes de sa vie sacerdotale; et ce fut sous l'empire d'une inspiration religieuse que, de concert avec quelques hommes honorables dont le nom ne doit point périr, il conçut le projet de doter sa patrie d'un établissement qui devait, par l'étendue autant que par les régularités de ses proportions, devenir l'un des ornements principaux de cette modeste cité.

Déjà d'autres œuvres charitables avaient sollicité sa bienfaisance, et en avaient ressenti les effets. Dépositaire principal de la confiance de son Archevêque, et de son autorité dans ce pays, il appartenait par son titre canonial à cette compagnie qui avait reçu de son royal fondateur d'insignes priviléges, et que les dispositions arrêtées entre le souverain Pontife et le Monarque français avaient placée à la tête du clergé de cette ville. L'Église de Ste Marthe devait lui être, pour ce motif, particulièrement chère. Aussi contribua-t-il, pour une large part, à la décoration de cette basilique.

C'est encore à lui que nous devons l'existence de notre Mont-de-Piété ; outre le don qu'il fit de sa propre demeure pour y établir le siége de cette institution, il avait, à des époques calamiteuses, assuré par des subsides abondants les divers services qu'elle était appelée à rendre.

Mais la construction de l'Hospice de la charité fut son œuvre de prédilection, ou plutôt l'occupation de sa vie entière. Il y consacra toutes ses sollicitudes et toutes ses facultés : il voulut même que les restes de sa fortune employée à un si noble usage, servissent, suivant l'une de ses dispositions suprêmes, à terminer certaines parties de l'édifice qui étaient, de son vivant, restées inachevées.

C'est ce grand acte de foi et de munificence chrétiennes que nous venons, Messieurs, glorifier en ce moment.

Et, afin de rendre ce triomphe plus digne de son objet, je voudrais, s'il se pouvait une chose, je voudrais qu'autour de cette image où un ciseau habile a si fidèlement reproduit les traits du personnage à qui s'adresse cette ovation, accourussent se ranger, comme une garde d'honneur, toutes les générations qui, depuis plus de cent soixante années, sont venues tour à tour, et sans interruption, même aux époques les plus sinistres de notre histoire, s'abriter dans cette asile ouvert à l'indigence par ses libéralités !

Je voudrais qu'elles vinssent le saluer dans une immense acclamation, le père et l'ami des pauvres, le consolateur des affligés, le protecteur de l'orphelin ; et appeler sur sa mémoire toutes ces bénédictions qui sont la plus douce récompense que Dieu ait réservée, en ce monde, à l'homme de bien !

Mais, puisque ce vœu ne saurait parfaitement s'accomplir, puisse du moins cette image vénérée, exposée de haut et de loin à tous les regards, être comme un appel incessant à des largesses nouvelles ; et, par l'attrait d'un exemple heureusement contagieux, intéresser au sort des classes souffrantes tous ceux à qui la providence a départi le moyen et, par là, confié la mission de les soulager !

Puisse-t-elle surtout être pour tous ceux qui auront reçu à un titre quelconque le mandat de continuer ici l'œuvre de de Clerc de Molières et de la faire fructifier, un mémorial qui leur rappelle l'obligation de s'inspirer du même esprit, et de le suivre, autant qu'ils en seront capables, dans la route du dévouement !

Puisse-t-elle enfin, rester jusqu'à nos derniers neveux qui viendront la contempler, comme la preuve sensible que c'est à l'école de la religion que se forment les bons citoyens, et, sous son action vivifiante, que germent les grandes vertus !

Avignon. — Imp. AUBANEL frères, rue St-Marc, 10.

www.ingramcontent.com/pod-product-compliance
Lightning Source LLC
Chambersburg PA
CBHW060444050426
42451CB00014B/3213